BEI GRIN MACHT SICH IHR WISSEN BEZAHLT

- Wir veröffentlichen Ihre Hausarbeit, Bachelor- und Masterarbeit

- Ihr eigenes eBook und Buch - weltweit in allen wichtigen Shops

- Verdienen Sie an jedem Verkauf

Jetzt bei www.GRIN.com hochladen und kostenlos publizieren

Tobias Meints

Antipolitisches Denken in Deutschland im diachronen Vergleich

Norbert Elias – Zwischen „Zivilisation und Gewalt"

GRIN Verlag

Bibliografische Information der Deutschen Nationalbibliothek:

Die Deutsche Bibliothek verzeichnet diese Publikation in der Deutschen National-
bibliografie; detaillierte bibliografische Daten sind im Internet über http://dnb.d-
nb.de/ abrufbar.

Dieses Werk sowie alle darin enthaltenen einzelnen Beiträge und Abbildungen
sind urheberrechtlich geschützt. Jede Verwertung, die nicht ausdrücklich vom
Urheberrechtsschutz zugelassen ist, bedarf der vorherigen Zustimmung des Verla-
ges. Das gilt insbesondere für Vervielfältigungen, Bearbeitungen, Übersetzungen,
Mikroverfilmungen, Auswertungen durch Datenbanken und für die Einspeicherung
und Verarbeitung in elektronische Systeme. Alle Rechte, auch die des auszugsweisen
Nachdrucks, der fotomechanischen Wiedergabe (einschließlich Mikrokopie) sowie
der Auswertung durch Datenbanken oder ähnliche Einrichtungen, vorbehalten.

Impressum:

Copyright © 2008 GRIN Verlag GmbH
Druck und Bindung: Books on Demand GmbH, Norderstedt Germany
ISBN: 978-3-640-21574-4

Dieses Buch bei GRIN:

http://www.grin.com/de/e-book/115662/antipolitisches-denken-in-deutschland-im-
diachronen-vergleich

GRIN - Your knowledge has value

Der GRIN Verlag publiziert seit 1998 wissenschaftliche Arbeiten von Studenten, Hochschullehrern und anderen Akademikern als eBook und gedrucktes Buch. Die Verlagswebsite www.grin.com ist die ideale Plattform zur Veröffentlichung von Hausarbeiten, Abschlussarbeiten, wissenschaftlichen Aufsätzen, Dissertationen und Fachbüchern.

Besuchen Sie uns im Internet:

http://www.grin.com/

http://www.facebook.com/grincom

http://www.twitter.com/grin_com

Carl von Ossietzky
Universität Oldenburg

Studiengang Diplom-Sozialwissenschaften

Referatsausarbeitung

Themenstellung:

Antipolitisches Denken in Deutschland im diachronen Vergleich

Norbert Elias – Zwischen „Zivilisation und Gewalt"

vorgelegt von: Tobias Meints

Abgabedatum: 18. März 2008

Inhaltsübersicht

1. Einleitung

Die folgende Referatausarbeitung setzt sich mit dem scheinbar dualistischen Verhältnis zwischen Zivilisation und Gewalt auseinander. Der zugrunde liegende Primärtext ist das Kapitel „Zivilisation und Gewalt" aus dem Werk „Studien über die Deutschen – Machtkämpfe und Habitusentwicklung im 19. und 20. Jahrhundert" von Norbert Elias.

In dem vorliegenden Kapitel beschäftigt sich Elias mit der Pazifizierung der Gesellschaft, zeigt den zugrunde liegenden Prozess auf und analysiert unter diesem Aspekt Epochen der deutschen Geschichte.

Die nachfolgende Ausarbeitung beginnt mit der Darstellung des allgemeinen intra- und interstaatlichen Pazifizierungsprozesses sowie der Analyse des Verhältnisses von Zivilisation und Gewalt.

Anschließend werden verschiedene Epochen der deutschen Geschichte unter diesen Gesichtspunkten vergleichend dargestellt und untersucht. Neben der Zeit der Gründung des Deutschen Reiches, auch die Kriegsbegeisterung zu Beginn des Ersten Weltkrieges, die Zeit der Weimarer Republik und die Zeit des aufkommenden Terrorismus in der Bundesrepublik. Das Fazit fasst die Ergebnisse abschließend zusammen.

2. Theorie von Zivilisation und Gewalt

Norbert Elias zufolge ist der Prozess der Zivilisation zu keinem Zeitpunkt vollständig abgeschlossen. Er setzt sich in der stetigen Weiterentwicklung der Gesellschaft fort. Ein gewisses Spannungsverhältnis zwischen Pazifizierung und Gewalt innerhalb einer Gesellschaft ist dementsprechend ganz normal.[1]

2.1 Gesellschaftliche Pazifizierung

Persönliche und soziale Konflikte gehören zur Normalität des Zusammenlebens. Es kommt jedoch darauf an, inwieweit die Menschen in der Lage sind, ihre Konflikte und vorhandene Probleme ohne die Anwendung von Gewalt zu lösen.[2]

> *„Wie ist es möglich, dass so viele Menschen normalerweise friedlich miteinander leben können, ohne Furcht, von Stärkeren ge- oder erschlagen zu werden – so friedlich wie das in den großen Staatengemeinschaften Europas, Amerikas, Chinas oder Russlands in unseren Tagen gewöhnlich der Fall ist."* (Elias, 2005, 256f.)

Elias bevorzugt es, diese Frage zu stellen, anstatt, wie es denn möglich sei, dass in einer Gesellschaft überhaupt Gewalt angewandt wird, und Menschen ihren Mitmenschen Gewalt antun. Noch nie haben in der Geschichte so viele Individuen friedlich zusammengelebt – unter weitestgehender Deaktivierung körperlicher Gewalt. Das Gewaltniveau ist demnach auf einem sehr geringen Level angesiedelt, im Vergleich zu anderen Epochen.[3]

Wie kommt eine derartige Pazifizierung zustande, da man ja davon ausgehen kann, dass Konfliktpotential, welches im normalen Zusammenleben von Menschen aufkommt, immer vorhanden ist. Die Antwort auf die Frage ist das organisierte Zusammenleben von Individuen in modernen Staaten, die das Gewaltmonopol für sich in Anspruch nehmen, und mittels autorisierter Gruppen die Bürger an der Ausübung von Gewalt hindern können. Die Monopolisierung von Gewalt ist nicht als eine geplante und ge-

---

[1] Vgl. Elias, 2005, S. 255
[2] Vgl. a.a.O. 2005, S. 255f.
[3] Vgl. a.a.O. 2005, S. 256

lenkte Errungenschaft zu verstehen, sondern vielmehr als ein ungeplanter, sich stetig weiterentwickelnder und noch längst nicht abgeschlossener Prozess.[4]

Das janushäuptige Problem des staatlichen Gewaltmonopols liegt in der Balance zwischen den „Funktionen für seine Kontrolleure und der Funktion [...] für die Staatsbevölkerung". Die Gewichtung hat sich seit Ludwig XIV. stetig zugunsten der Gesamtgesellschaft verschoben, da teilweise die Kontrolleure der Gewalt ebenfalls einer Kontrollinstanz unterliegen.[5]

2.1.1 Individuelle Pazifisierung

Reagieren Babys und Kleinkinder, egal aus welchem gesellschaftlichen System sie stammen, auf ihnen unangenehme Situationen mit Strampeln, was nichts anderes ist, als die Abwehr potentieller Gefahren mit Händen und Füßen, entwickelt sich im Laufe des Heranwachsens ein Tabu gegenüber der Anwendung von Gewalt, welches durch die moderne Gesellschaft geprägt ist.

Die Tabuisierung von Gewalt in modernen Staaten ist begründet durch das funktionierende Gewaltmonopol. Hierbei handelt es sich um einen Prozess, dessen Entwicklungslinie sich gut zurückverfolgen lässt. War es im 19. Jahrhundert noch verbreitet und selbstverständlich, dass Männer ihre Frauen und Kinder schlugen, veränderte sich dies im Laufe der Zeit und es wurde zu einem Tabu und einer geächteten Handlung familiäre Gewalt anzuwenden. Aus einem bis dahin herrschenden Fremdzwang entwickelte sich ein Selbstzwang.[6]

2.1.2 Inter- und Intrastaatliche Pazifizierung

Auf Grund des historischen Entwicklungsprozesses hat sich ein hohes intrastaatliches Gewaltmonopol entwickelt. Aufrechterhalten wird dies innerhalb der Staaten durch Organe der autorisierten Gewalt, wie Polizeikräfte oder auch Militär.[7]

Da solche Instanzen im interstaatlichen Raum – sprich in der Interaktion verschiedener autonomer Staaten miteinander – allerdings fehlen, ist das Niveau der Pazifizierung auf dieser Ebene nicht annähernd nicht so hoch einzuschätzen. Wie in früheren Zeiten ha-

---

[4] Vgl. Elias, 2005, S. 257f.
[5] Vgl. a.a.O. 2005, S. 259
[6] Vgl. a.a.O. 2005, S. 260
[7] Vgl. Elias, 2005, S. 260

ben schwächere Staaten noch immer mit der Gefahr zu leben, dass sie von mächtigeren Staaten angegriffen, okkupiert und gegebenenfalls eingegliedert werden. So versucht jeder Staat eine möglichst machtvolle Stellung einzunehmen. Dieser Prozess, der sich durch gegenseitige Furcht und Bedrohung definiert, wird von Elias als Doppelbindereffekt bezeichnet. Hegemonialkämpfe sind auf interstaatlicher Ebene Normalität, da keine übergeordneten Kontrollinstanzen existieren.[8]

Wird also im intrastaatlichen Bereich eine Gewalttat bestraft und der Gesetzesbrecher staatlich verfolgt, werden zwischenstaatliche Gewaltakte teilweise sogar gelobt und geschätzt. Daraus leitet Elias ab, dass die Menschen im intrastaatlichen Bereich eine höhere Zivilisationsstufe erreicht haben, als im interstaatlichen Bereich. Jeder moderne Staat verfügt über eine Armee, die nichts anderes ist als eine Organisation zur legitimen Anwendung von Gewalt im interstaatlichen Raum.[9]

Je nach Fortschritt der intrastaatlichen Pazifizierung, kann es auch innerhalb eines Staates zu Kämpfen zwischen den autorisierten Gruppen der Gewalt und nichtautorisierten Verbänden kommen.[10]

---

[8] Vgl. a.a.O. 2005, S. 261
[9] Vgl. a.a.O. 2005, S. 262
[10] Vgl. a.a.O. 2005, S. 263

3. Beispiele in der deutschen Geschichte

Anhand einiger Beispiele aus der Geschichte Deutschlands belegt Elias seine Theorie von „Zivilisation und Gewalt" und zeigt den Prozess der Pazifizierung, wie auch den Kampf kleinerer Gruppen gegen die autorisierten Organe der staatlichen Gewalt auf.

3.1 Die Gründung des Deutschen Reiches

War vor der Gründung des Deutschen Reiches bei der Bevölkerung ein Gefühl der Schwäche gegenüber den anderen europäischen Staaten vorherrschend, so änderte sich dies mit dem Sieg im Deutsch-Französischen Krieg. Nach der Reichsgründung änderte sich das Bewusstsein schnell und es entstand der Wunsch in die Hegemonialkämpfe in Europa einzugreifen. Wie schon oft beobachtet, verwandelte sich die Mentalität eines Volkes, das unterdrückt und erniedrigt worden war, und es erhebt sich in letzter Konsequenz über die anderen Nationen, zu einem so genannten – Herrenvolk. Da das junge Deutsche Reich viel nachzuholen hatte, wurde die Rüstungsproduktion vorangetrieben und auch der Wunsch nach überseeischen Kolonien befriedigt.[11]

Die Einigung des Deutschen Reiches und der Sieg im Krieg gegen Frankreich waren getragen von der adeligen Führungsspitze. Das Bürgertum spielte nur eine sehr untergeordnete Rolle, da hohe militärische Ämter durch den Adel besetzt waren und die Entscheidungen über Krieg und Frieden an den Fürstenhöfen getroffen wurden. Somit bedeutete der Sieg des Reiches gleichzeitig eine Niederlage für das Bürgertum gegenüber dem Adel. Breite Schichten des Bürgertums gaben den intrastaatlichen „Kampf" gegen den Adel auf, fügen sich in die Position als untere soziale Schicht und verinnerlichten gleichzeitig adelige Ideale. Das Bürgertum verabschiedete sich von seiner Identität und übernahm in Grundzügen den Adelskanon, der sich dadurch „verbürgerlichte", da das Bürgertum nur ausgewählte Aspekte übernahm.[12]

Der Adelskanon, der sich aus „traditionsgebundenen, dementsprechend wenig reflektierten Verhaltensmustern" zusammensetzte, wandelte sich in bürgerlicher Auslegung zu einer „explizit formulierten Doktrin". Die Konsequenz aus der Einigung des Landes durch Krieg und Gewalt, erhöhte dieses Mittel der Politik zu etwas Heroischem, Gutem

---

[11] Vgl. Elias 2005, S. 263ff.
[12] Vgl. Elias, 2005, S. 266f.

und Schönen. Für den Adel hingegen blieb der Krieg auch weiterhin einfach ein Mittel der Diplomatie und somit eine spezielle Art – Handwerk.[13]

Zeitgenössische Literatur – bestes Beispiel hierfür ist Walter Bloem mit seiner Romantrilogie über den Deutsch-Französischen Krieg – verherrlicht und bejaht die Gewalt. Erbarmungslosigkeit gegenüber dem Feind, wird hier als ehrenhaftes und positives Verhalten dargestellt.[14]

Die Vorstellung, dass Menschen einander achten sollten, erhält den Zusatz, dass es sich um Menschen der eigenen Nationalität handeln muss und der Grundsatz ansonsten obsolet sei. Bürger anderer Staaten sind als potentielle Feinde zu sehen und verlieren auf diese Weise ihre Menschlichkeit.[15]

3.2   Der Erste Weltkrieg und die Kriegsbegeisterung

Mit dem Ausbruch des Ersten Weltkriegs zogen breite Schichten der Bevölkerung mit einem unheimlichen Enthusiasmus in den Krieg, der sich jedoch bald in den Grabenkämpfen verlieren sollte.[16]

Der Kriegseintritt der Vereinigten Staaten von Amerika machte bald die letzten Hoffnungen auf einen Sieg der Deutschen Armeen zunichte. Die Angst vor einem Deutschlandbeherrschten Europa bedeutete die letztendliche Niederlage des Reiches, die mit dem neuen deutschen Selbstwertgefühl der Deutschen nicht zu vereinbaren war. Eine Niederlage passte nicht in das neue Weltbild. Der Kampf um eine hegemoniale Stellung war verloren, und im Zuge dessen verschwanden die Fürstenhöfe.[17]

3.2.1 Die „Etablierten-Außenseiter-Theorie"

Der verlorene interstaatliche Kampf veränderte auch die gesellschaftliche Situation im intrastaatlichen Bereich, und es fand eine Machtverschiebung zu Gunsten bisheriger Außenseitergruppen, vor allem der organisierten Arbeiterschaft, statt.. Gemäß der Eliasschen „Theorie von Etablierten und Außenseitern" bedeutet die Verschiebung des Machtgefälles zu einer bisherigen Außenseitergruppe einen untragbaren Zustand für die Gruppe der ehemals Etablierten, in diesem Fall des Bürgertums, dessen Selbstwertge-

---

[13] Vgl. a.a.O. 2005, S. 267f.
[14] Vgl. a.a.O. 2005, S. 268
[15] Vgl. a.a.O. 2005, S. 269f.
[16] Vgl. a.a.O. 2005, S. 270
[17] Vgl. Elias, 2005, S. 271 / Vgl. Eschenburg, 1964, S. 62

fühl unter dieser veränderten Situation zu leiden hatte.[18] Hätte ein gewonnener Krieg die Machtverhältnisse bestärkt, sorgte ein verlorener Krieg für den Aufstieg der Außenseiter-Gruppen, was in der Praxis dazu führte, dass sich Soldaten und Arbeiter von der Kaisertreue entbunden sahen und in Massen ihre Arbeit niederlegten.[19]

Eben diese beiden Niederlagen – inter- und intrastaatlich – lösten beim Bürgertum, das seine Position durch die organisierte Arbeiterschaft gefährdet sah, einen starken Wunsch nach der Restauration der alten Strukturen aus, da sich die alten Eliten auf der Stufe derer wiederfanden, die sie vorher verachtet hatten.[20]

Das Bürgertum, das sich an die Traditionen des Kaiserreichs hielt, bezeichnete sich selbst als national und versuchte sich auf diese Weise von der Arbeiterschaft abzugrenzen und ihren Herrschaftsanspruch sowie die Legitimität der eigenen Intentionen durchzusetzen.[21]

3.3 Weimar und die Gründung der Freikorps

Die Freikorps waren um 1920 die Träger der außerstaatlichen Gewalt. In ihnen sammelten sich hauptsächlich „nationale" Bürgerliche, Studenten und heimkehrende Soldaten, die sich im zivilen Leben nicht mehr zurechtfanden. Sie strebten nach dem Sturz der jungen – und in Deutschland unerprobten – Republik[22]. Da dieses Vorhaben scheiterte gründete sich nach dem gescheiterten Kapp-Putsch die Untergrund- und Terrororganisation „Consul", die als ultima ratio auf die Ermordung republiktreuer Politiker setzte.[23]

3.3.1 Freikorps in Deutschland

Ein Großteil der Weimarer Terroristen rekrutierte sich aus dem Bürgertum und der Studentenschaft, die im Allgemeinen mit den Freikorps und derer antirepublikanischer Einstellung sympathisierte. Sie machten sich stark für eine militärisch-bürgerliche Diktatur und sahen in der Ermordung politischer Gegner legitime Mittel diese zu erreichen und zu etablieren.[24]

---

[18] Vgl. Elias/Scotson, 1967, S. 28ff.
[19] Vgl. Elias, 2005, S. 272f. / Vgl. Wirsching, 2000, S. 2f
[20] Vgl. a.a.O. 2005, S. 274ff.
[21] Vgl. a.a.O. 2005, S. 276 / Vgl. Eschenburg, 1964, S. 65
[22] Vgl. Wirsching, 2000, S. 8
[23] Vgl. Elias, 2005, S. 277f.
[24] Vgl. Eschenburg, 1964, S. 57

Der Hass jedoch war gegenseitig. Auch die Arbeiterschaft richtete gewalttätige Akte gegen politische Gegner – vor allem gegen Offiziere.

Der Sieg der Alliierten und der Versailler Vertrag, mit dem die Verkleinerung der Wehrmacht von 400.000 auf 100.000 Mann einherging, sorgten für Unwillen im deutschen Offizierskorps. Viele der jungen Offiziere waren sehr ambitioniert und wollten ihre soziale Stellung nicht aufgeben und weiterhin im militärischen Dienst tätig sein. Für diese jungen Leute waren die Freikorps die beste Anlaufstelle.

Diese rechtfertigten ihre Existenz durch den Kampf gegen den Bolschewismus, den man seit der russischen Revolution fürchtengelernt hatte. Die Arbeiterschaft, die in den Augen der Bürgerlichen diese Ideale vertrat, wurde als Feind angesehen, obwohl die Organisation der deutschen Arbeiterschaft, mit der der russischen, zu Zeiten der Revolution, nicht zu vergleichen war. Eine „Deutsche Revolution" wurde durch die Zersplitterung der Arbeiterschaft, sowie durch das erhaltene Offizierskorps auf Seiten der bürgerlich-nationalen Fraktion unmöglich.[25]

Die Republik, mit ihrer so genannten Erfüllungspolitik und nicht zuletzt wegen der Unterzeichnung des Versailler Vertrags, eignete sich vortrefflich als Gegner. In logischer Konsequenz gehörten dazu auch die Vertreter der Sozialdemokratie selbst.[26]

3.2.2 Freikorps und der Kampf im Baltikum

Den vielen perspektivlosen Offizieren, denen die Verkleinerung der Wehrmacht die Chance auf eine neue Anstellung zunichte gemacht hatte, bot das Ersuchen von deutsch-baltischen Gutsherren eine Aussicht auf eine bessere Zukunft. Ihnen wurde Siedlungsland versprochen, wenn sie im Gegenzug den organisierten Kampf gegen die russische Vormachtstellung aufnehmen würden.[27] So zogen die Freikorps, deren Mitglieder in dem Feldzug *„die Lösung aller Bindungen an eine versinkende, verrottete Welt* [sahen], *mit der echte Krieger keine Gemeinsamkeiten mehr haben konnte"*[28], ins Baltikum und kämpften dort für eine Angliederung der Ostprovinzen und nicht zuletzt für standesgemäßes Siedlungsland für sich selbst.[29]

In seinem Roman „*Die Geächteten*" zeigt der Mitverschwörer bei der Ermordung Rathenaus, Ernst von Salomon, eine typische Offizierslaufbahn dieser Zeit auf – Von der

---

[25] Vgl. Sontheimer, 1983, S. 58f.
[26] Vgl. a.a.O. 1983, S. 56ff.
[27] Vgl. Eschenburg, 1964, S. 63
[28] Vgl. von Salomon, 1962, S. 52 (zitiert nach Elias, 2005, S 285)
[29] Vgl. Elias, 2005, S. 284

Offizierslaufbahn im kaiserlichen Heer, über die Mitgliedschaft in einem Freikorps und der Teilnahme am Baltikum-Feldzug, bis hin zum Beitritt zu einer konspirativen Terrororganisation. Elias erweitert diesen Werdegang durch einen fünften Punkt, den Beitritt zur Nationalsozialistischen Deutschen Arbeiterpartei (NSDAP). Hitlers Aufstieg fußt nicht zuletzt auf eben dieser Entwicklungslinie und den Mitgliedern der Freikorps.[30]

Mit dem Gefühl ein, von der – dem Verfall preisgegebenen – Gesellschaft losgelöster Außenseiter zu sein, zogen die Mitglieder der Freikorps zuversichtlich in den Osten Europas. Aus der Perspektivlosigkeit in der Heimat erwuchsen neue Aufgaben, die meist mit Zuversicht in Angriff genommen wurden, ohne das Bewusstsein, dass die alte kaiserliche Welt, zu der sie sich zählten, aufgehört hatte zu existieren.[31] Dennoch träumten die Offiziere von der Restauration der alten Strukturen.[32]

Da keine Oberste Heeresleitung (OHL) mehr existent war, ebenso wenig wie ein Oberkommandierender in Form des Kaisers, waren die Mitglieder der Freikorps niemandem verpflichtet. Meist stand ihnen eine charismatische Führungsperson voran.[33]

Der Kampf war hart, die Verluste hoch und die Zeit im Baltikum entbehrungsreich. Dennoch bewahrten sich die Kämpfenden die Hoffnung auf den Sieg, – bis es zur Unterzeichnung des Friedensvertrags kam. Da sich die ehemaligen Mitglieder der OHL und auch sonst kein Vertreter der alten Strukturen zum Friedensvertrag bekannte, fielen die Unterzeichnung des Versailler Vertrags und somit auch die militärische Niederlage in den Verantwortungsbereich der Vertreter der jungen Republik. Sie wurden auf diese Weise zum definitiven Feindbild für die Mitglieder der Freikorps, die in den Politikern Emporkömmlinge und Verräter sahen.[34]

Mit dem Rückmarschbefehl der Reichsregierung schwanden die Träume von der Angliederung der Ostprovinzen und der Erlangung standesgemäßen Siedlungslandes.[35] Viele der Aufständischen verweigerten den Befehl und setzten den Kampf fort, nicht mehr gegen die Rote Armee, sondern gegen die regulären Heere Lettlands und Estlands, die mittlerweile von den Briten unterstützt wurden.[36]

Ein Abschnitt im Prozess der Auflösung zivilisatorisch-gesellschaftlicher Formen liegt in der Verwilderung und Entmenschlichung der Individuen und geht einher mit der Zer-

---

[30] Vgl. Elias, 2005, S. 284
[31] Vgl. Erger, 1967, S. 52ff.
[32] Vgl. Elias, 2005, S. 286
[33] a.a.O. 2005, S. 287
[34] a.a.O. 2005, S. 288f.
[35] Vgl. Stiewe, 1968, S. 67
[36] Vgl. Elias, 2005, S. 290f

setzung des Gewissens. Dies äußert sich in Gewaltexzessen, wie sie auch von Salomon in seinem autobiografischen Roman beschreibt. Nach den zerstörten Hoffnungen und der daraus resultierenden Wut, setzten viele der Heimkehrer diesen Weg der Gewalt in der jungen Republik fort – in Terrororganisationen.

Die Zerstörung der Republik bedeutete für sie, die Welt von einer verkommenen Gesellschaftsstruktur zu befreien und ein neues lebenswertes Deutschland zu schaffen, dessen Perfektion sie in der Restauration der alten Strukturen sahen. Mit dem Scheitern des Kapp-Putsches war der Kampf gegen das verhasste Regime nur noch mit Terrorakten fortzuführen. So kam es letztendlich zur Ermordung republiktreuer Politiker, womit – so hofften die Terroristen – das Regime erschüttert werden sollte, so dass es in letzter Konsequenz in sich zusammenbräche.[37]

Durch den Gebrauch von Propaganda gelang es Adolf Hitler, im Gegensatz zu den Anführern der Freikorps, breite Bevölkerungsschichten zu mobilisieren. Die Ziele der Freikorps und die Adolf Hitlers waren ähnlich, setzten auf den Sturz der Republik, und die Freikorps leisteten die Vorarbeit für das nationalsozialistische Regime. Blieben sie im Kern den adelig-bürgerlichen Traditionen treu, vereinte Hitler die Massen dadurch, dass er, als einfacher Gefreiter, die Barrieren der Bewegungen durchbrach. Anstatt durch die Schichtzugehörigkeit fanden die Menschen unter Hitler die Identifikation als Volk und die Zugehörigkeit zur germanischen Rasse.[38]

3.4   Bundesdeutscher Terrorismus

Der bundesdeutsche Terrorismus stand ebenfalls am Ende eines Prozesses, sich aufstauender Unzufriedenheit, Enttäuschungen und verbauter Zukunftschancen.
Wie in der Weimarer Republik kamen die meisten bundesdeutschen Terroristen aus dem bürgerlichen Milieu. Allerdings hatte sich der Gegner gewandelt. Der eingeschworene Feind war nicht mehr die Arbeiterschaft, sondern vielmehr das konservative Establishment der Bundesrepublik. Die Außerparlamentarische Opposition (APO) sympathisierte vielmehr mit der Arbeiterschaft und rebellierte gegen die „festgefahrenen" Werte der bürgerlichen Gesellschaft. Die Zwänge, denen sie in dieser Gesellschaftsform un-

---

[37] Vgl. Elias, 2005, S 291ff / Vgl. Eschenburg, 1964, S 65f. / Vgl. Wirsching, 2000, 12f.
[38] Vgl. Elias, 2005, S. 293

terworfen waren, empfanden sie als unerträglich und kämpften für Zukunftschancen und ein „sinnvolles" bzw. „sinnerfülltes" Leben.[39]

In modernen Mehrparteienstaaten besteht das Problem, dass jungen Menschen der Zugang zu sinnstiftenden Aufgaben häufig verschlossen bleibt, obwohl sie diese Mängel erkennen sowie die Probleme der Gesellschaft aufzuzeigen vermögen. Hier spiegelt sich ohne Frage ein Generationenkonflikt wieder, der sich insbesondere während der Zeit der APO in den 60er Jahren des 20. Jahrhunderts ausdrückte.

Die voranschreitende Gewalt dieser Zeit stellt einen Doppelbinderprozess dar. Gewalt wurde mit Gegengewalt beantwortet. Die autorisierten Organe staatlicher Gewalt gingen gegen Mitglieder der APO vor, und die Erschießung des Studenten Ohnesorg stellte den Höhepunkt der Gewaltaktionen dar. Ein derartiger Prozess schaukelt sich konsequent hoch, ohne dass man einen Anfangs- oder Endpunkt ermitteln könnte.[40]

Nach anfänglichen Erfolgen und der späteren Ernüchterung keimte bei vielen Aktivisten die Erkenntnis, dass der Staat mit legalen Mitteln nicht zu bezwingen sei, und dass dies nur mit konspirativen Mitteln zu erreichen wäre. So begannen – ähnlich wie in der Weimarer Republik – Angriffe auf die Vertreter des verhassten Systems. Die Terroristen hofften, die Bevölkerung auf diese Weise aufrütteln zu können.[41]

Solche Konflikte bestehen auch heute noch, werden allerdings nicht mehr mit Gewalt ausgetragen. Der Generationskonflikt ist nach wie vor präsent und auch dass Dilemma der Sinnsuche ist nach wie vor ungelöst.[42]

---

[39] Vgl. Elias, 2005, S. 294ff.
[40] Vgl. a.a.O. 2005, S. 298
[41] Vgl. a.a.O. 2005, S. 299
[42] Vgl. a.a.O. 2005, S. 300

4. Fazit

Elias zeigt auf, wie es dazu kommt, dass Menschen zu Terroristen werden. Am Beispiel des Terrorismus der Weimarer und der Bonner Republik verdeutlicht er den Prozess der Unzufriedenheit mit den sozialen und gesellschaftlichen Gegebenheiten, der sich in letzter Konsequenz in aufgestauten Gewalttätigkeiten entlädt.

Die Suche nach einem Lebenssinn und einer aussichtsreichen Zukunft lassen vorzugsweise junge Menschen gegen festgefahrene Strukturen und eine verständnislose Gesellschaft rebellieren.

Konflikte wird es demnach immer geben, und es stellt sich die Frage, ob sich in der heutigen Zeit die Sinnsuche der jungen Generation erfolgreich gestaltet, und ob das Gesellschaftssystem ihnen das zu bieten vermag, was sie unter einer lebenswerten Zukunft verstehen, – oder ob es erneut dazu kommen wird, dass sich Aggressionen, Wut und Hass auf ein Establishment entladen, und ob Gewalt beziehungsweise der Terrorismus Elemente des gesellschaftlichen Zusammenlebens bleiben.

5. Literaturverzeichnis

Elias, Norbert „*Studien über die Deutschen – Machtkämpfe und Habitusentwicklung im 19. und 20. Jahrhundert*" IN: Norbert Eli-
as Sichting Amsterdam (Hrsg.); „*Norbert Elias – Gesammelte Schriften*" Bd. 11, Franfurt/Main, 2005

Elias / Scotson „*Etablierte und Außenseiter*" IN Norbert Elias Sichting
Amsterdam (Hrsg.); „*Norbert Elias – Gesammelte Schrif-
ten*", Bd. 4, Frankfurt/Main, 1967

Eger, Johannes „*Der Kapp-Lütwitz-Putsch – Ein Beitrag zur deutschen
Innenpolitik 1919/20*", Kommission für Geschichte des
Parlamentarismus und der politischen Parteien (Hrsg.),
Düsseldorf, 1967

Eschenburg, Theodor „*Die improvisierte Demokratie – Gesammelte Aufsätze zur
Weimarer Republik*", München, 1965

Sontheimer, Kurt „*Antidemokratisches Denken in der Weimarer Republik*"
IN: „*Der Weg ins 3. Reich – 1918-1933*" Serie Piper,
München, 1983

Stiewe, Willy „*Der Krieg nach dem Kriege – Eine Bilderchronik aus der
Revolution und Inflation*", Berlin, 1968

Wirsching, Andreas „*Die Weimarer Republik – Politik und Gesellschaft*",
München, 2000